中国铁建股份有限公司企业标准

中低速磁浮交通术语标准

Standard for Terminology of Medium and Low Speed Maglev Transit

Q/CRCC 31801—2019

主编单位：中铁磁浮交通投资建设有限公司
　　　　　中铁上海设计院集团有限公司
批准单位：中国铁建股份有限公司
施行日期：2020 年 5 月 1 日

人民交通出版社股份有限公司

2019·北京

图书在版编目（CIP）数据

中低速磁浮交通术语标准／中铁磁浮交通投资建设有限公司，中铁上海设计院集团有限公司主编． — 北京：人民交通出版社股份有限公司，2019.12
ISBN 978-7-114-16120-9

Ⅰ．①中… Ⅱ．①中…②中… Ⅲ．①磁浮铁路—名词术语—中国 Ⅳ．①U237-61

中国版本图书馆CIP数据核字（2019）第292678号

标准类型：	中国铁建股份有限公司企业标准
标准名称：	中低速磁浮交通术语标准
标准编号：	Q/CRCC 31801—2019
主编单位：	中铁磁浮交通投资建设有限公司
	中铁上海设计院集团有限公司
责任编辑：	曲 乐　刘国坤
责任校对：	孙国靖　魏佳宁
责任印制：	张 凯
出版发行：	人民交通出版社股份有限公司
地　　址：	（100011）北京市朝阳区安定门外外馆斜街3号
网　　址：	http：//www.ccpress.com.cn
销售电话：	（010）59757973
总 经 销：	人民交通出版社股份有限公司发行部
经　　销：	各地新华书店
印　　刷：	北京印匠彩色印刷有限公司
开　　本：	880×1230　1/16
印　　张：	4.75
字　　数：	70千
版　　次：	2019年12月　第1版
印　　次：	2019年12月　第1次印刷
书　　号：	ISBN 978-7-114-16120-9
定　　价：	35.00元

（有印刷、装订质量问题的图书，由本公司负责调换）

序　一

2016年5月6日，由中国铁建独家承建的我国首条中低速磁浮商业运营线——长沙磁浮快线开通试运营。长沙磁浮快线是世界上最长的中低速磁浮线，是我国磁浮技术工程化、产业化的重大自主创新项目，荣获我国土木工程领域工程建设项目科技创新的最高荣誉——中国土木工程詹天佑奖。长沙磁浮快线是中国铁建独创性采用"投融资+设计施工总承包+采购+研发+制造+联调联试+运营维护+后续综合开发"模式的建设项目，其建成标志着我国在中低速磁浮工程化应用领域走在了世界前列，也标志着中国铁建成为中低速磁浮交通的领跑者和代言人。

我国已进入全面建成小康社会的决定性阶段，正处于城镇化深入发展的关键时期，亟待解决经济发展、城市交通、能源资源和生态环境等问题，而中低速磁浮交通具有振动噪声小、爬坡能力强、转弯半径小等优势，业已成为市内中低运量轨道交通、市郊线路和机场线、旅游专线等的有力竞争者。以中低速磁浮交通为代表的新型轨道交通是中国铁建战略规划"7+1"产业构成中新兴产业、新兴业务重点布局新兴领域之一，也是中国铁建产业转型升级、打造"品质铁建"、实现高质量发展的切入点之一。2018年4月，中国铁建开展了中低速磁浮标准体系建设工作，该体系由15项技术标准组成，包括1项基础标准、9项通用标准和5项专用标准，涵盖勘察、测量、设计、施工、验收、运营和维护全过程、全领域；系列标准立足总结经验、标准先行、补齐短板、填补空白，立足系统完备、科学规范、国内一流、国际领先，立足推进磁浮交通技术升级、交通产业发展升级和人民生活品质提升。中低速磁浮系列标准的出版，必将为中国铁建新型轨道交通发展提供科技支撑力并提升中国铁建核心竞争力。

希望系统内各单位以中低速磁浮系列标准出版为契机，进一步提升新兴领域开拓战略高度，强化新兴业务专有技术培育，加快新兴产业标准体系建设，以为政府和业主提供综合集成服务方案为抓手，以"旅游规划、基础配套、产业开发、交通工程勘察设计、投融资、建设、运营"一体化为指导，全面推动磁浮、单轨、智轨等新型轨道交通发展，为打造"品质铁建"做出新的更大贡献！

董事长：　　　　　　　总裁：

中国铁建股份有限公司
2019年12月

序 二

建设更安全可靠、更节能环保、更快捷舒适的轨道交通运输系统，一直都是人类追求的理想和目标。为此，我国自20世纪80年代以来积极倡导、投入开展中低速常导磁浮列车技术的研究。通过对国外先进技术的引进、消化、吸收以及自主创新，利用高校、科研院所及设计院等企业的协调合作，我国逐步研发了各种常导磁浮试验模型车，建设了多条厂内磁浮列车试验线，实现了载人运行试验，标志着我国在中低速常导磁浮列车领域的研究已跨入世界先进国家的行列，并从基础性技术研究迈向磁浮产业化。

国内首条中低速磁浮商业运营线——长沙磁浮快线于2014年5月开建，开启了国内中低速磁浮交通系统从试验研究到工程化、产业化的首次尝试，实现了国内自主设计、自主制造、自主施工、自主管理的中低速磁浮商业运营线零的突破。建成通车时，我倍感欣慰，不仅是因为我的团队参与了建设，做出了贡献，更因为中低速磁浮交通走进了大众的生活，让市民感受到了磁浮的魅力，让国人的磁浮梦扬帆起航。

在我国磁浮技术快速发展的基础上，中国工程院持续支持了中低速磁浮、高速磁浮、超高速磁浮发展与战略研究三个重点咨询课题。三个课题详细总结了我国磁浮交通的发展现状、发展背景，给出了我国磁浮交通的发展优势、发展路径、发展战略等建议。同时，四年前，在我国已掌握了中低速磁浮交通的核心技术、特殊技术、试验验证技术和系统集成技术，并且具备了磁浮列车系统集成、轨道制造、牵引与供电系统装备制造、通信信号系统装备制造和工程建设的能力的大背景下，我联合多名中国科学院院士、中国工程院院士、大学教授署名了一份《关于加快中低速磁浮交通推广应用的建议》，希望中低速磁浮交通上升为国家战略新兴产业。

两年前，国内首条旅游专线——清远磁浮旅游专线获批开建，再次推动了中低速磁浮交通的产业化发展，拓展了其在旅游交通领域的应用。

现在，我欣慰地看到，第一批中国铁建中低速磁浮工程建设企业标准已完成编制，内容涵盖了工程勘察、设计、施工、验收建设全过程以及试运营、运营、检修维护全领域，结构合理、内容完整，体现了中低速磁浮交通标准体系的系统性和完整性，体现更严、更深、更细的企业技术标准要求。一系列标准的发布，凝聚了众多磁浮人的智慧结晶，对推动我国中低速磁浮交通事业的发展、实现"交通强国"具有重要的意义。

磁浮交通一直在路上、在奔跑，具有绿色环保、安全性高、舒适性好、爬坡能力强、转弯半径小、建设成本低、运营维护成本低等优点，拥有完全自主知识产权的中低速磁浮交通也是未来绿色轨道交通的重要形式。磁浮人应以国际化为目标，以产业化为支撑，以市场化为指导，以工程化为载体，实现我国磁浮技术的发展和应用。

　　作为磁浮交通科研工作者中的一员，我始终坚信磁浮交通有着广阔的发展前景，也必将成为我国轨道交通事业的"国家新名片"。

中国工程院院士：

2019 年 11 月

中国铁建股份有限公司文件

中国铁建科技〔2019〕165 号

关于发布《中低速磁浮交通术语标准》等 15 项中国铁建企业技术标准的通知

各区域总部，所属各单位：

现批准发布《中低速磁浮交通术语标准》（Q/CRCC 31801—2019）、《中低速磁浮交通岩土工程勘察规范》（Q/CRCC 32801—2019）、《中低速磁浮交通工程测量规范》（Q/CRCC 32802—2019）、《中低速磁浮交通设计规范》（Q/CRCC 32803—2019）、《中低速磁浮交通信号系统技术规范》（Q/CRCC 33802—2019）、《中低速磁浮交通供电系统技术规范》（Q/CRCC 33803—2019）、《中低速磁浮交通接触轨系统技术标准》（Q/CRCC 33805—2019）、《中低速磁浮交通车辆基地设计规范》（Q/CRCC 33806—2019）、《中低速磁浮交通土建工程施工技术规范》（Q/CRCC 32804—2019）、《中低速磁浮交通机电工程施工技术规范》（Q/CRCC 32805—2019）、《中低速磁浮交通工程施工质量验收标准》（Q/CRCC 32806—2019）、《中低速磁浮交通试运营基本条件》（Q/CRCC 32807—2019）、《中低速磁浮交通车辆检修规程》（Q/CRCC 33804—2019）、《中低速磁浮交通运营管理规范》（Q/CRCC 32809—2019）和《中低速磁浮交通维护规范》（Q/CRCC 32808—2019），自 2020 年 5 月 1 日起实施。

15 项标准由人民交通出版社股份有限公司出版发行。

中国铁建股份有限公司
2019 年 11 月 18 日

中国铁建股份有限公司办公厅　　　　　　　　　2019 年 11 月 18 日印发

前　言

本标准是根据中国铁建股份有限公司《关于下达中国铁建中低速磁浮工程建设标准编制计划的通知》（中国铁建科设〔2018〕53号）的要求，由中铁磁浮交通投资建设有限公司会同有关单位编制完成。

本标准编制过程中，编制组进行了深入调查研究，认真总结实践经验，广泛征求有关单位和专家意见，并与相关标准进行了协调，经反复讨论、修改，由中国铁建股份有限公司科技创新部审查定稿。

本标准共10部分，主要技术内容包括：总则；通用术语；工程勘察与测量；车辆与限界；线路与轨道；建筑与结构；机电设备；施工质量验收；运营；技术经济指标。

本标准由中国铁建股份有限公司科技创新部负责管理，由中铁磁浮交通投资建设有限公司负责具体技术内容的解释。标准执行过程中如有意见或者建议，请寄送至中铁磁浮交通投资建设有限公司（地址：湖北省武汉市武昌区张之洞路169号金星大厦17楼；邮编：430060；Email：crmtbz@163.com），以供今后修订时参考。

主 编 单 位：	中铁磁浮交通投资建设有限公司
	中铁上海设计院集团有限公司
主要起草人员：	谢海林　鄢巨平　张家炳　李伟强　刘　富
	韦随庆　王大为　章　致　丁兆锋　龚俊虎
	金陵生　张宝华　别碧勇　宗凌潇　王丽丽
	金　晖　邢　澄　叶　涛　顾正宜　李明耀
	邓想军　冯　亮　边　涛　孙　斌　谭正钧
	彭　展
主要审查人员：	郭志勇　文望青　郭建湖　刘新平　许和平
	贾志武　李庆民　张立青　彭华春　伍卫凡
	李庆民　孙　立　刘云强　张　刚　魏祥斌
	郭旭晖　张　琨　刘万明　杨艳丽　董　城
	邓朝辉　肖利君　焦齐柱　姜海波　米宏广
	辜晓安　卢光明　刘小刚　滕一陞　王德发
	姚洪锡

目次

1 总则 ... 1
2 通用术语 ... 2
3 工程勘察与测量 ... 11
　3.1 工程勘察 ... 11
　3.2 工程测量 ... 12
4 车辆与限界 ... 15
　4.1 车辆 ... 15
　4.2 限界 ... 17
5 线路与轨道 ... 19
　5.1 线路 ... 19
　5.2 轨道 ... 20
6 建筑与结构 ... 26
　6.1 桥涵结构 ... 26
　6.2 低置结构 ... 28
　6.3 地下结构 ... 30
　6.4 车站建筑及结构 ... 30
　6.5 施工监测 ... 32
7 机电设备 ... 34
　7.1 供电 ... 34
　7.2 通信 ... 38
　7.3 信号 ... 39
8 施工质量验收 ... 43
9 运营 ... 45
　9.1 客流 ... 45
　9.2 行车组织 ... 48
　9.3 客运服务 ... 51
　9.4 运营安全 ... 53
10 技术经济指标 ... 55
本标准用词说明 ... 59
引用标准名录 ... 60

Contents

1 General Provisions ·· 1
2 Common Terms ·· 2
3 Engineering Investigation and Survey ·· 11
   3.1 Engineering Investigation ·· 11
   3.2 Engineering Survey ·· 12
4 Vehicle and Gauge ··· 15
   4.1 Vehicle ·· 15
   4.2 Gauge ·· 17
5 Line and Track ··· 19
   5.1 Line ··· 19
   5.2 Track ··· 20
6 Building and Structure ··· 26
   6.1 Bridges and Culverts ·· 26
   6.2 At-ground Structure ·· 28
   6.3 Underground Structure ··· 30
   6.4 Station Building and Structure ··· 30
   6.5 Monitoring during Construction ··· 32
7 Machinery and Electrical Equipment ··· 34
   7.1 Power Supply ·· 34
   7.2 Communication ··· 38
   7.3 Signalling ·· 39
8 Construction Quality Acceptance ·· 43
9 Operation ·· 45
   9.1 Passenger Flow ··· 45
   9.2 Train Operation Organization ·· 48
   9.3 Passenger Service ··· 51
   9.4 Operation Safety ··· 53
10 Technical Economical Index ··· 55
Explanation of Wording in This Code ··· 59
List of Quoted Standard ··· 60

1 总则

1.0.1 为适应中低速磁浮交通技术应用和发展的需要，规范和统一中低速磁浮交通术语，制定本标准。

1.0.2 本标准适用于中低速磁浮交通规划、建设、运营等技术领域。

1.0.3 本标准主要包含中低速磁浮交通系统的技术及相关管理术语。

条文说明

本标准仅制订与中低速磁浮交通技术密切相关的，或与既有城市轨道交通存在区别的术语。其他与中低速磁浮交通特有技术没有明显联系的，如通风系统、空调与供暖系统、给水与排水系统、电梯、自动扶梯、自动售检票系统、环境与设备监控系统、门禁系统、站台门等，其相关术语引用相关规范。

1.0.4 中低速磁浮交通术语除应符合本标准外，尚应符合国家现行有关标准和中国铁建现行有关技术标准的规定。

2 通用术语

2.0.1 中低速磁浮交通 medium and low speed maglev transit
采用直线异步电机驱动，定子设在车辆上的常导磁浮轨道交通。

条文说明

根据磁浮交通车辆悬浮架与轨道之间的配合关系，目前业内公认的中低速磁浮交通主要包括抱轨式和内嵌式2种结构形式。抱轨式是指磁浮车辆的悬浮架环抱于轨道运行的结构形式，如图2-1所示，内嵌式是指磁浮车辆的悬浮架内嵌于轨道运行的结构形式，如图2-2所示。

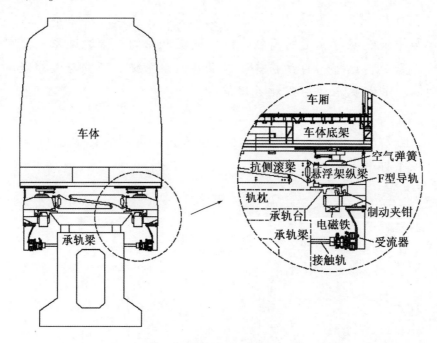

图2-1 抱轨式中低速磁浮交通

本标准的所有规定仅适用于抱轨式中低速磁浮交通（以下简称中低速磁浮交通）。

中低速磁浮交通是一种磁浮列车利用常导电磁铁吸引铁磁材料（F型导轨）原理，依靠电磁力实现磁浮列车的悬浮、支撑及导向，并通过直线异步电机产生的电磁力驱动列车前行，实现列车环抱于轨道无接触运行的交通方式。

中低速磁浮交通具有绿色环保、安全性高、爬坡能力强、转弯半径小、建设成本低、运营维护成本低等优点，且具有完全自主知识产权，是极具竞争力的绿色轨道交通出行工具。为推进磁浮交通技术发展，我国从20世纪80年代初期就开始了磁浮列车的相关研究。目前，我国中低速常导磁浮技术已经较为成熟，磁浮列车最高运行速度也在不断突破。

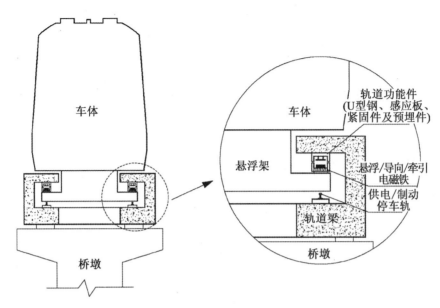

图2-2 内嵌式中低速磁浮交通

1）国内中低速磁浮列车研究

国防科技大学从1986年开始磁浮列车的原理性研究，于1989年成功研制出我国第一台磁浮列车实验样车CMS01。

1992年，国家正式将磁浮列车关键技术研究列入"八五"攻关计划，成立了磁浮列车"八五"攻关课题组。中国铁道科学研究院、西南交通大学、国防科技大学、中国科学院电工研究所等单位对常导低速磁浮列车的悬浮、导向、推进、控制等关键技术进行研究，相继研制出EMS磁浮试验车。

1994年，西南交通大学成功研制了设有4个座位、自重4t、悬浮高度为8mm、时速为30km的磁浮列车MST-1。该试验车为我国首台载人磁浮样车。

1995年，国防科技大学在株洲电力机车研究所的支持下，研制成1台悬浮架，首次实现了全尺寸单转向架的载人运行。4个悬浮架可承载1辆14m长的磁浮车。

1996年，由中国铁道科学研究院主持，长春客车厂、中国科学院电工研究所、国防科技大学参加，共同研制的设计时速为100km，长6.5m、宽3m、重4t、内设15个座位的单转向架磁浮试验车，在中国铁道科学研究院轨距2m、长36m的环行试验线上成功进行了试验，并于1998年12月通过了原铁道部科技成果鉴定。

2001年7月，北京控股磁悬浮技术发展有限公司和国防科技大学联合国内其他单位完成了中国第一辆全尺寸磁浮列车的生产制造。同年，西南交通大学在青城山开始建设的中低速磁浮试验线，是我国自行研制、设计和施工的第一条磁浮线路，试验线全长420m。所用车辆由西南交通大学与长春客车厂和株洲电力机车研究所联合试制。磁浮车体长11.2m、宽2.6m、高3.3m、轨距1700mm。

2001年4月，国防科技大学在校园内建成了中低速磁浮列车试验线，全长204m，轨距2000mm，磁浮列车车体长度15m。

2004年10月22日，大连磁谷科技研究所成功研制出我国首辆拥有自主知识产权的磁浮样车"中华01号"磁浮技术试验车。该磁浮技术试验车车体长10.3m、宽3.12m、高2.86m，设计载客32人，最高时速110km，是专为城市公交运输设计的低速磁浮列车。

2006年底，位于上海临港的中低速磁浮试验线建成。线路全长1.8km，含直线、R100m曲线、R50m曲线，70‰坡度，轨距1900mm。试验列车3节编组，车宽2800mm，采用五悬浮架结构，悬浮间隙8mm，实现了101km/h的试验速度。

2009年，中低速磁浮列车唐山试验线工程在唐山客车厂竣工并通过验收。唐山试验线全长1.547km，轨距2000mm，是中国首条中低速磁浮列车工程化试验示范线。试验列车2节编组，车宽3000mm，采用五悬浮架结构，悬浮间隙8mm，最高运行速度为100km/h。该试验车为北京S1线原型车。

2011年9月2日，中国南车中低速磁浮试验线建设及车辆研制项目可行性研究报告获得业内专家审批通过。2012年1月20日，中低速磁浮列车"追风者"在中国南车株机公司成功下线。"追风者"采用3节编组，车宽2800mm，轨距为1860mm，最高运行速度为100km/h。该车为我国第一条中低速磁浮运营线——长沙磁浮快线的原型车。

2014年，西南交通大学牵引动力国家重点实验室与常州西南交通大学轨道交通研究院、同济大学磁浮中心以及国内多家企业联手，自主研制出时速可达140km的第二代中低速磁浮列车。第二代中低速磁浮列车悬浮架有别于原有的"口"字形悬浮架结构，采用新型的"工"字形结构，使车辆整体性能有所提升。

2017年7月，第二代中低速磁浮列车由大连车辆厂生产了工程样车，并在上海临港中低速磁浮试验线上进行了试验，试验速度达到121km/h。

2018年6月，中车株洲电力机车有限公司研发的"2.0版"快速磁浮列车成功下线。相比长沙磁浮快线的中低速磁浮列车，"2.0版"快速磁浮列车更快、更轻、载客量更大。通过提升直线牵引电机等关键部件性能，列车速度可从100km/h提高到160km/h。

综上所述，国内对中低速常导磁浮列车技术研究较为透彻，已经完全掌握了成套技术；对外宣布的车辆最高运行速度可达160km/h，已实现的现场最高试验速度达121km/h。

2）既有运营线的速度

中低速磁浮交通在日本、韩国、中国发展较快，目前已有4条线路成功投入商业运营：日本东部丘陵线、韩国仁川机场线、中国长沙磁浮快线和北京S1线。这些既有的中低速磁浮线运营速度均不超过100km/h，线上最高试验速度不超过120km/h（线上最高试验速度：日本东部丘陵为102km/h，韩国仁川机场线为105km/h，长沙磁浮快线为106km/h）。

综上所述，本标准所采用的常导电磁悬浮、短定子、F型导轨的抱轨式中低速磁浮交通制式，时速120km/h的技术已较为成熟，且已经实现工程化应用；针对时速120～160km的技术正处于试验验证阶段（理论计算表明，短定子牵引的磁浮车辆最大速度可达到160km/h），有待下一步工程化应用。随着运行速度的提高，中低速磁浮交通系统需要重点研究直线电机牵引动力的提升、供电方式的优化（受电靴与接触轨的动态受流配合、噪声降低等）、悬浮能力的提升、控制系统的冗余设计等问题。

考虑到在维持常导电磁悬浮、短定子、F型导轨系统制式不变的情况下，磁浮列车具有进一步提高速度到160km/h的可能性，因此，业内普遍认为抱轨式中低速磁浮交通的速度范围宜涵盖0～160km/h。

2.0.2 中低速磁浮交通车辆 medium and low speed maglev vehicle

采用常导电磁悬浮技术实现悬浮导向，通过直线异步电机实现牵引和电制动的轨道交通车辆。

条文说明

中低速磁浮交通车辆的定子线圈设置在车辆上，转子感应板铺置于线路轨道上，因定子较短，俗称短定子电机。当定子线圈绕组通电工作时，在气隙间产生行波磁场；行波磁场平移，切割转子感应板，产生感应磁场；感应磁场与行波磁场相互作用产生电磁力，推动磁浮车辆运行。

2.0.3 设计使用年限 design service life

用以作为结构耐久性设计依据并具有足够安全度或保证率的目标使用年限。

2.0.4 单向客运能力 one-way passenger transport capacity

单位时间内单方向通过线路断面的客位数上限，即列车额定载客量与行车频率上限值的乘积。

2.0.5 中运量城市轨道交通 urban rail transit with medium transport capacity

单向客运能力为每小时1万～3万人次的轨道交通方式。

2.0.6 低运量城市轨道交通 urban rail transit with low transport capacity

单向客运能力小于每小时1万人次的轨道交通方式。

2.0.7 设计年度 design period

运量预测和确定设备规模采用的年度，分为初期、近期和远期。

2.0.8 主体结构 main structure

车站和区间保障列车安全运营，接受、承担和传递建设工程所有上部荷载，维持上部结构整体性、稳定性和安全性的主要受力结构。

2.0.9　运行交路　operation routing
设定列车在折返点之间往返运行的线路区段。

2.0.10　线路等级速度　line-level speed
为满足线路规划功能，综合线路工程条件、车站设置、投资效益等因素，同时充分发挥系统设施设备能力，经分析确定的代表线路等级的速度。

2.0.11　车辆构造速度　vehicle design speed
安全及结构强度等条件限定的，车辆能够以该速度持续稳定运行的最高速度。

2.0.12　最高运行速度　maximum running speed
列车在正常运营状态下所达到的最高速度。

2.0.13　旅行速度　operation speed
正常运营情况下，列车从起点站发车至终点站停车的平均运行速度。

2.0.14　轨道　track
承受列车荷载和约束列车运行方向的设备或设施总称。

2.0.15　轨距　track gauge
轨道两侧 F 型导轨悬浮检测面中心线之间的距离。

2.0.16　轨道基准面　base plane of track
系指 F 型导轨的磁极面。

条文说明

轨道基准面是用于定义车辆限界及建筑限界的零基准面，也是线路设计的轨面。从电磁悬浮的原理出发，理论工作面为磁浮车辆与 F 型导轨之间的磁极面；从悬浮控制系统的工作原理出发，位置反馈工作面为磁浮车辆与 F 型导轨之间的悬浮检测面。

结合磁浮轨排的现场铺设实际情况，均将轨道基准面几何转换到其他便于测量的位置，如 F 轨的滑橇支撑面（长沙磁浮快线）或轨枕顶面（北京 S1 线）。轨道基准面的中点为轨道基准点，如图 2-3 所示。

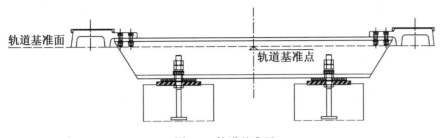

图 2-3 轨道基准面

2.0.17 承轨梁 supporting-track beam

设置在隧道、路基或桥梁上，用于支承轨道结构，安装接触轨，实现中低速磁浮交通车辆抱轨运行的结构物。

条文说明

中低速磁浮交通的轨道结构由轨排、扣件和承轨台等组成。设置在承轨台之下高约为0.7m的支撑结构，不属于轨道结构的组成部分，也不属于隧道、路基或桥梁的组成部分，需要采用单独的术语进行描述。国内一些技术人员将其称为轨道梁，但"轨道梁"一般用于跨座式单轨和高速磁浮等梁轨一体化的结构形式，即轨道结构与梁式结构合二为一。轨道梁是车辆的走行轨道。中低速磁浮交通中的轨道结构是独立于承轨台之下各类支撑结构存在的，如仍采用"轨道梁"术语，则会引起"轨道梁不包含轨道结构"的概念性错误，因此中低速磁浮交通不宜采用"轨道梁"术语。

株洲中低速磁浮试验线、长沙磁浮快线将设置在低置结构地段的、用于支承轨道结构和安装接触轨的支承结构称为承轨梁，得到了业内技术人员的普遍认可，这也与该结构的功能相符。为了便于术语的规范和统一，避免概念混淆，本次术语编制过程中征求了各方意见并达成一致共识，将设置在隧道、路基以及桥梁（"梁上梁"结构形式）上的用于支承轨道结构和安装接触轨的结构物统称为"承轨梁"。承轨梁的主要作用是支承轨道结构、安装接触轨，实现中低速磁浮车辆抱轨运行。中低速磁浮交通中，高架结构中的简支梁或连续梁均统称为桥梁，也不适合采用"轨道梁"的术语。

2.0.18 柱式轨道桥 column type track support structure

设置在检查/检修库内，采用离散型柱式结构，用于支承轨道结构，安装接触轨，实现中低速磁浮列车库内运行、方便检查/检修的结构物。

2.0.19 车辆基地 vehicle base

承担中低速磁浮交通车辆停放、检修及后勤保障的基地，通常包括车辆段、停车场、综合维修中心、物资总库、培训中心等部分以及相关的生活设施。

2.0.20 车辆段　depot
承担配属车辆的停放、运用管理、整备保养、检查工作、定修或者大架修任务的基本生产单位。

2.0.21 停车场　stabling yard
承担配属车辆的停放、运营管理、整备保养及检查工作的基本生产单位。

2.0.22 综合维修中心　comprehensive maintenance center
满足全线线路、轨道、道岔、桥梁、涵洞、隧道、建筑、道路等设施的维修、保养，以及牵引供电、运行控制、基础通信和机电等设备的运行管理、维修、检修需要而设的工作场所，包括工建、供电、通号、机电等车间。

2.0.23 物资总库　material storehouse
承担全线各系统运营、检修所需的各类材料、设备、备品备件、劳保用品、F轨、道岔配件以及非生产性固定资产的采购、储备、保管和发放工作的场所，包括各种仓库、材料棚、材料堆放场地和必要的办公、生活房屋。

2.0.24 培训中心　training center
负责组织和管理职工技术教育和培训工作的场所，包括司机模拟驾驶装置及其他系统模拟设施、培训办公和生活用房，以及必要的教学设备和配套设施。

2.0.25 永久限速　permanent speed limit
由线路结构限制或其他标准所决定的在线路特殊区段的最大允许安全速度。

2.0.26 平均无故障时间　mean time between failure
单体设备相邻两次故障发生的间隔时间。

2.0.27 故障修复时间　mean time to repair
从维修人员接触故障设备到维修至故障设备完全恢复设计使用功能所经过的时间。

2.0.28 安全性　safety
保证行车安全和人身、设备安全的能力，在给定时刻系统维持安全功能完善的概率。

2.0.29 可靠性　reliability
产品在规定的条件下和规定的时间区间内完成规定功能的能力。

2.0.30 可用性　availability

在要求的外部资源得到保证的前提下，产品在规定的条件下和规定的时刻或时间区间内处于可执行规定功能状态的时间比率。

2.0.31 可维护性　maintainability

在规定的条件下，使用规定的程序和资源进行维修时，对于给定使用条件下的产品，能完成指定的实际维修工作所需的时间。

2.0.32 备品备件　spare parts

设备在正常运行的情况下，为保证线路运营安全应储备的设备、部件、材料和配件。

2.0.33 沉降评估　settlement evaluation

根据沉降观测数据，结合地质条件、地基处理措施，综合分析评价路基、桥涵、隧道等建（构）筑物沉降是否满足要求的过程。

2.0.34 工后沉降　settlement after civil works

磁浮轨排铺设完成以后，基础设施产生的沉降量。

2.0.35 工程筹划　engineering scheme

对项目建设全过程的工程计划及可实施性的统筹安排。

2.0.36 联调联试　system joint commissioning

通过采用检测列车、综合检测列车、试验列车及相关检测设备，对各系统的功能、性能、状态和系统间匹配关系进行综合检测、验证、调整和优化，使整体系统达到设计要求。

2.0.37 试运行　trial running

中低速磁浮交通工程综合试验成功，系统联调结束，通过不载客列车运行，对运营组织管理和设施设备系统的可用性、安全性和可靠性进行检验。

2.0.38 试运营　trial operation

中低速磁浮交通工程所有设施设备验收合格后，整体系统可用性、安全性和可靠性经过试运行检验合格后，在正式运营前所从事的载客运营活动。

2.0.39 项目竣工验收　completion acceptance of project

中低速磁浮交通项目试运营一年以上并且完成竣工结算、各项专项验收合格后，由政府主管部门组织进行的项目竣工验收。

2.0.40 正式运营 formal operation

工程竣工验收后从事的载客运营活动。

3 工程勘察与测量

3.1 工程勘察

3.1.1 岩土工程勘察　geotechnical investigation
采用工程地质测绘、勘探、测试、分析等手段，对工程选址、设计、施工和运营中的岩土工程问题进行调查研究和分析评价等工作。

3.1.2 工程地质调查与测绘　engineering geological investigation and mapping
采用收集资料、遥感解译、调查访问、地质测量等方法，查明场地的工程地质要素，并绘制相应的工程地质图件。

3.1.3 工程勘探　geotechnical exploration
为查明工程地质条件而进行的钻探、井探、槽探、坑探、洞探等工作的总称。

3.1.4 工程周边环境　environment around engineering
泛指磁浮交通工程施工影响范围内的建（构）筑物、文物、地下管线、道路、桥梁、城市轨道交通、铁路和地表水体等环境对象。

3.1.5 围岩　surrounding rock
由于开挖，地下洞室周围初始应力状态发生了变化的岩土体。

3.1.6 原位测试　in-situ test
在岩土体所处的位置，基本保持岩土原来的结构、湿度和应力状态，对岩土体进行的测试。

3.1.7 现场检验　in-situ inspection
在现场采用一定手段，对勘察成果或设计、施工措施的效果进行核查。

3.1.8 现场监测　in-situ monitoring
在现场对岩土性状、地下水的动态，岩土体与结构物的应力和位移等进行的系统监视和观测。

3.1.9 不良地质作用 adverse geologic action
由地球的内、外营力造成的对人类活动、工程建设或环境具有危害的地质作用。

3.1.10 线岩溶率 rate of line karstification
单位长度上岩溶空间形态长度的百分比，即：线岩溶率＝钻孔所遇岩溶洞隙长度/钻孔穿过可溶岩的长度×100％。

3.1.11 钻孔见洞（隙）率 rate of holes encountered in drilling
钻孔中遇岩溶洞隙的钻孔与钻孔总数的比值。

3.1.12 特殊性岩土 special rock and soil
具有特殊成分、结构、构造，特殊的物理、力学、化学性质，并影响工程地质条件的岩石与土体。

3.1.13 地质灾害 geologic disaster
由不良地质作用引发的，危及人身、财产、工程或环境安全的事件。

3.2 工程测量

3.2.1 工程独立坐标系 independent coordinate system of engineering
根据工程需要，采用指定参考椭球、中央子午线、投影带宽和高程投影面，以高斯投影或其他投影方式建立的平面直角坐标系。

3.2.2 框架控制网（CF0） frame control network（CF0）
采用卫星定位测量方法建立的空间直角坐标控制网，作为全线（段）的坐标起算基准。

3.2.3 基础平面控制网（CFⅠ） basic horizontal control network（CFⅠ）
在框架控制网（CF0）的基础上，沿线路走向布设，按卫星静态相对定位原理建立，为线路平面控制网（CFⅡ）和轨排控制网（CFⅢ）提供坐标基准。

3.2.4 线路平面控制网（CFⅡ） route horizontal control network（CFⅡ）
在基础平面控制网（CFⅠ）基础上，沿线路附近布设，为施工和轨排控制网（CFⅢ）测量提供坐标基准。

3.2.5 轨排控制网（CFⅢ） track panel control network（CFⅢ）
沿线路布设的平面、高程三维控制网，为轨排及其附属设施施工、运营维护提供控制基准。

3.2.6 边角控制网 triangulateration control network
由方向和边长观测量构成的二维或三维控制网。

3.2.7 全圆方向距离观测法 method of direction and distance observation in rounds
采用全站仪一次照准对边角控制网中的方向和距离观测值进行同时测量的一种方法，要求进行半测回归零和多测回观测。

3.2.8 线路水准基点 benchmark along route
沿线路敷设的首级高程控制点，作为中低速磁浮交通工程勘测、设计、施工及运营维护的高程基准。

3.2.9 深埋水准点 benchmark of deep buried
沿线路走向根据地面沉降及地质情况，埋设在相对稳定的持力层上的深层水准点。

3.2.10 基岩水准点 benchmark into bedrock
埋设在地壳基岩层上的稳定水准点。

3.2.11 精密水准测量 precise levelling
测量精度介于二等、三等水准测量之间的水准测量，主要用于轨排控制网（CFⅢ）高程测量和轨排施工测量。

3.2.12 机载激光雷达 airborne lidar
在航空平台上，集成激光雷达、定位定姿系统（POS）、数码相机和控制系统所构成的对地测量综合系统。

3.2.13 数码航空摄影测量 digital aerial photogrammetry
数码航空摄影测量指的是在航空平台上用数码航摄仪器对地面连续摄取像片，结合地面控制点测量、调绘和立体测绘等步骤，绘制出地形图的测量方法。

3.2.14 数字正射影像图 digital orthophoto map（DOM）
利用数字高程模型将扫描数字化的或直接以数字方式获取的航空像片或航天影像，经数字微分纠正、数字镶嵌，再根据图幅范围裁切生成的影像数据集。

3.2.15 数字高程模型 digital elevation model（DEM）
定义在 X、Y 域（或经纬度域）离散点（矩形或三角形）上以高程表达地面起伏形态的数据集。

3.2.16 专项调查与测绘 special investigation surveying and mapping
中低速磁浮交通工程在设计阶段应进行的沿线建筑、管线、水域、房屋拆迁和勘测定界等调查测绘工作。

3.2.17 工点地形图 topographic map of construction site
为地下结构、低置结构、高架结构和站场等工程设计提供的局部大比例尺地形图。

3.2.18 中线测量 center line survey
将设计的中低速磁浮线路中心线详细测设到地面的工作。

3.2.19 洞外控制测量 control survey outside tunnel
为保证隧道贯通，在隧道洞外进行的全隧道范围的平面、高程控制测量。

3.2.20 洞内控制测量 control survey inside tunnel
为保证隧道贯通，在隧道洞内进行的平面、高程控制测量。

3.2.21 竖井联系测量 shaft connection survey
隧道施工测量中，将洞外控制网的坐标、方向和高程通过竖井传递到洞内的测量。

3.2.22 贯通误差 breakthrough error
隧道贯通时，在贯通面处的坐标、方向和高程的误差。

3.2.23 变形监测 deformation monitoring
对中低速磁浮交通工程本体、周边环境、支护结构和周围岩土体等监测对象的竖向、水平、倾斜等变化所进行的量测工作。

4 车辆与限界

4.1 车辆

4.1.1 电磁悬浮　electromagnetic levitation
利用可控电磁吸力使车辆与轨道表面保持非接触状态的悬浮技术。

4.1.2 悬浮架　levitation bogie
支撑车体并传递悬浮、导向、牵引与制动力的机械结构装置，具有机械解耦适应轨道曲线与不平顺公差的作用。

4.1.3 悬浮模块　levitation module
承载车辆悬浮、导向和牵引的基本单元。悬浮模块主要由托臂、箱梁、电磁铁和牵引电机等部件构成，左、右两个模块通过抗侧滚梁连接组成悬浮架。

4.1.4 悬浮控制系统　levitation control system
控制车辆悬浮状态的系统，包括悬浮控制器、悬浮电磁铁和悬浮传感器。

4.1.5 悬浮控制器　levitation controller
对悬浮电磁铁与轨道之间的间隙进行控制，使电磁铁保持稳定悬浮的电气装置，包括功率单元和控制单元。

4.1.6 悬浮电磁铁　electromagnet for levitation
在励磁电流作用下产生可控电磁力，实现电磁悬浮和导向功能的电磁铁，主要由励磁线圈、极板和铁芯构成。

4.1.7 悬浮传感器　levitation sensor
测量悬浮控制系统的特定状态量，如悬浮间隙、磁铁垂向加速度等，并将其转化成电信号的器件或装置。

4.1.8 悬浮导向控制　levitation guidance control
通过检测悬浮间隙、电磁铁垂向加速度等信号，对悬浮电磁铁的励磁电流进行反馈控制，调节悬浮力，以保持允许的悬浮间隙。当悬浮电磁铁横向偏离"F"轨时，悬浮力的横向分力产生使其横向复位的导向作用。

4.1.9 悬浮间隙　levitation gap

车辆在悬浮状态下，悬浮电磁铁磁极面与F型导轨下表面之间的垂向距离。

4.1.10 悬浮间隙偏差　levitation gap deviation

实际悬浮间隙与额定间隙之差。实际悬浮间隙大于额定间隙为正偏差，反之为负偏差。

4.1.11 抗侧滚梁　anti-roll beam

约束左、右模块相对侧滚运动，且能实现左、右模块其他方向运动解耦的机械连接装置。

4.1.12 迫导向机构　forced guidance device

使悬浮模块拟合轨道曲线运行，确保车辆顺利通过曲线的调整装置。

4.1.13 支承轮　supporting wheels

安装于悬浮模块上，可通过液压将车辆顶起的小轮，具有支承车辆和实现车辆低速滚动前进的功能。

4.1.14 停放制动滑橇　landing and braking sled

安装于悬浮模块上，可保证在线路最大坡度、最大载荷的情况下，停放车辆不发生溜逸，并兼作紧急状态下落车摩擦辅助制动装置。

4.1.15 横向止档滑块　lateral sled

安装在悬浮电磁铁极板侧面、防止电磁铁极板与F型导轨发生过大的横向位移并辅助导向的摩擦块组件。

4.1.16 制动夹钳　braking clamp

连接悬浮架并通过夹紧F型导轨提供制动力的机械结构装置。

4.1.17 滑台　expansion shoe

连接车体与空气弹簧的机械结构装置。

4.1.18 牵引杆　draw bar

连接滑台与悬浮模块并传递牵引力的机械结构装置。

4.1.19 直线感应牵引电机 linear induction traction motor
处在平面内采用三相电源的牵引电动机,初级安装在车辆上,次级固定在轨道上。

4.1.20 起浮 levitating up
在悬浮控制器控制下,悬浮电磁铁从落车状态上升到额定悬浮间隙的过程。

4.1.21 落下 landing
在悬浮控制器控制下,悬浮电磁铁从悬浮状态降落到落车状态的过程。

4.1.22 受流器 current collector
安装在磁浮列车悬浮架上,从接触轨上接受电能的受流装置。

4.1.23 测速定位系统 location and speed measuring system
检测列车所处位置、运行方向和速度的系统。

4.2 限界

4.2.1 限界 gauge
保障中低速磁浮交通安全运行、限制车辆断面尺寸、限制沿线设备安装尺寸及确定建筑结构有效净空尺寸的图形及相应定位坐标参数。根据功能要求,分为车辆限界、设备限界和建筑限界。

4.2.2 基准坐标系 normal coordinate system
垂直于直线轨道线路中心线的二维平面直角坐标系。基准点为轨道基准面的中心点,Y 轴正方向向上,X 轴正方向向右。

4.2.3 车辆轮廓线 vehicle profile
设定车辆所有横断面的包络线。

4.2.4 车辆限界 vehicle gauge
车辆在平直线上正常运行状态下所形成的最大动态包络线,用以控制车辆制造,以及制定站台和站台门的定位尺寸。

4.2.5 设备限界 equipment gauge
车辆在故障运行状态下所形成的最大动态包络线,用以限制行车区的设备安装。

4.2.6 建筑限界 structure gauge

在设备限界基础上，满足设备和管线安装尺寸后的最小有效断面。

4.2.7 建筑限界宽度　width of construction gauge

轨行区内线路中心线至两侧建筑物的横向净距。

4.2.8 建筑限界高度　height of construction gauge

轨行区内轨顶面至建筑物的垂向净距。

4.2.9 偏移及偏移量　offset

车辆在运行过程中，车辆轮廓线上各坐标点偏离基准位置的现象称为偏移。Y 轴方向的偏移称为竖向偏移，X 轴方向的偏移称为横向偏移。上述偏移的量值称为偏移量。

4.2.10 曲线几何偏移　offset on curve

包括平曲线几何偏移和竖曲线几何偏移。车辆在平曲线路上运行时，车辆纵向中心线的水平投影线与线路中心线偏离的水平矢距称为平曲线几何偏移；车辆在竖曲线路上运行时，车辆定距线的垂直面投影弦线与竖曲线轨面之间的竖向矢距称为竖曲线几何偏移。

5 线路与轨道

5.1 线路

5.1.1 正线 main line
列车载客运营的贯穿全程的线路。

5.1.2 配线 sidings
除正线外，在运行过程中为列车提供收发车、折返、联络、安全保障、临时停车等功能服务，通过道岔与正线连通或相互联络的轨道线路，包括折返线、渡线、联络线、临时停车线、出入线、安全线等。

5.1.3 渡线 transition line
引导列车从一条线路转移到另一条线路的设施，一般由两组单开道岔及一条连接轨道组成。

5.1.4 出入线 inlet/outlet line
车辆基地与正线的连接线路，也称出入段（场）线。

5.1.5 试车线 test line
专门用于对车辆进行动态性能检测的线路。

5.1.6 检修线 maintenance line
用于车辆检查、维修的专用线路。

5.1.7 存车线 storage line
用于存放等待使用或其他调配车辆的线路。

5.1.8 联络线 connecting line
连接两条独立运营线路的辅助线路。

5.1.9 运营线 operation line

列车沿固定路线和车站，正常载客运行的线路。

5.1.10 站间距　station spacing

两相邻车站计算站台中心之间的线路长度。

5.1.11 线网　rail transit network

在一定区域内，由全部线路组成的轨道交通网络。

5.1.12 线网长度　length of line network

在线网内各线路长度之和，共线部分只计一次。

5.1.13 线网密度　network density

在一定区域内的线网长度与区域面积之比。

5.1.14 线路设施　route facilities

在轨道交通线路上设置的相关建筑物、构筑物、设备及标志等的总称。

5.1.15 全封闭线路　full closed line

以护栏、隧道、桥梁等物质实体与其他车辆和行人在全线进行物理隔离的线路。

5.1.16 安全线　over run line

防止车辆在未开通进路的情况下，越过警冲标进入其他线路而设置的尽头式线路。

5.2 轨道

5.2.1 F型钢　F type steel

断面为"F"形状的中低速磁浮轨道专用型钢。

条文说明

F型钢由内腿、外腿、腹板和翼板组成，如图5-1所示。

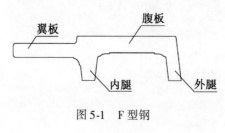

图5-1　F型钢

5.2.2 感应板　reaction plate

车辆牵引用直线异步电机次级的组成部分，是非磁性导电材料，安装在 F 型钢上。

5.2.3 F 型导轨　F type rail

一种承受磁浮车辆悬浮力、导向力及牵引力的基础构件，由 F 型钢和感应板组成。

条文说明

与悬浮电磁铁两磁极板对应的 F 型钢内腿和 F 型钢外腿分别称为 F 型导轨的内磁极和外磁极。内磁极和外磁极的两个端面称为磁极面，F 型钢腹板的下表面称为悬浮检测面，F 型钢翼板的上表面称为支撑轮滑行面或滑撬支撑面，如图 5-2 所示。

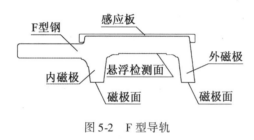

图 5-2　F 型导轨

5.2.4 轨枕　sleeper

用来连接 F 型导轨，使 F 型导轨保持相对位置固定并传递载荷的基础构件。

5.2.5 轨枕间距　sleeper spacing

沿线路方向上相邻两根轨枕中心线之间的距离。

5.2.6 轨排　track panel

由 F 型导轨、轨枕、连接件及紧固件等组成，是中低速磁浮线路的基本单元。

条文说明

构成中低速磁浮线路的基本单元，具有支撑磁浮车辆、承受车辆的悬浮力和导向力及牵引力的功能。轨排包括：（1）直线轨排：中线为直线的轨排；（2）圆曲线轨排：中线为圆曲线的轨排；（3）缓和曲线轨排：中线为缓和曲线的轨排。

另外，轨排长度指轨排的中线长度，轨排中线指轨排的两 F 型导轨对称中心线。

5.2.7 轨排接头　track panel joint

相邻轨排之间的伸缩、限位连接装置。

5.2.8 扣件 fastening
将轨排固定在承轨台或其他轨下基础上的连接部件。

5.2.9 承轨台 support rail bed
支承和固定轨排,并将列车荷载传向承轨结构的一种现浇钢筋混凝土结构,是轨道结构的组成部分。

5.2.10 轨道结构 track structure
轨道设备或设施中用于车辆支承和导向并将列车荷载传向承轨结构的组合体,由轨排、扣件、承轨台等组成。

条文说明

轨道结构是中低速磁浮交通工程的主要设备,它除引导列车运行方向外,还直接承受列车的竖向力、横向力及纵向力,因此轨道结构应具有足够的强度、稳定性,保证列车快速、安全、稳定运行。同时,中低速磁浮交通作为公共客运交通工具,轨道结构应有适量的弹性,让乘客乘坐舒适。

轨道结构由轨排、扣件、承轨台等部分组成,其中轨排由感应板、F型钢、轨枕、连接件及紧固件等组成。区间轨道结构的标准断面如图5-3所示。

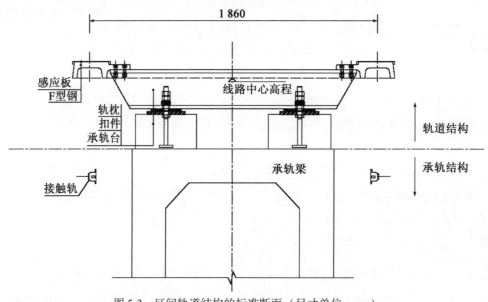

图5-3 区间轨道结构的标准断面(尺寸单位:mm)

5.2.11 轨缝 rail joint gap
设置在轨排接头处两相邻轨排的F型钢端间的缝隙。

5.2.12 构造轨缝 structure gap of rail joint
轨排和轨排接头的螺栓孔径及接头螺栓直径所限制的最大轨缝。

5.2.13 横坡　horizontal slope
为消除或减少中低速磁浮列车在曲线区段运行时产生的自由侧向加速度，需对轨道基准面设置的横向坡度。以轨道基准面与线路横向水平线的夹角角度表示。

5.2.14 横坡扭转率　torsion rate of horizontal slope
单位长度内横坡的变化率。

5.2.15 轨道不平顺　track irregularity
轨道几何尺寸相对设计位置的偏差，主要包括轨距、水平、轨向和高低等。

5.2.16 水平　relative relief of level
线路左右两股F型导轨磁极面高程的相对高差。

5.2.17 轨向　track direction
轨道中心线沿线路方向在水平面上的平顺性。

5.2.18 高低　relative relief of height
线路左右两股F型导轨磁极面沿线路方向的竖向平顺性。

5.2.19 轨缝错位　dislocation of rail joint gap
轨缝两端F型导轨的磁极面、刹车面的相对位置偏差。

5.2.20 中低速磁浮道岔　turnout for medium and low speed maglev transit
中低速磁浮线路的转线设备，由主体结构、驱动、锁定、控制等部分组成。其主体结构梁由三段钢结构梁构成，每段钢结构梁依次围绕三个实际点旋转实现转线。按照结构组成和功能状态，中低速磁浮道岔可分为单开道岔、对开道岔、三开道岔、多开道岔、单渡线道岔和交叉渡线道岔。

5.2.21 道岔主体结构　main structure of turnout
实现道岔支撑和转辙功能的主要受力部件，包括道岔梁、台车、绞轴连杆、活动端连接装置、F型导轨连接装置、F型导轨。

5.2.22 定心点　center of turning
道岔中三个道岔梁各自的转动中心，从固定端到活动端依次为第一定心点、第二定心点和第三定心点。

5.2.23 道岔岔心　center of turnout

道岔直向线位和侧向线位的交叉点,与第三定心点重合。

5.2.24 道岔基线　baseline of turnout
道岔直向位置线路中心线。

5.2.25 道岔转角　switch angle for turnout
道岔直向位线路中心线和侧向位线路中心线的夹角。

5.2.26 道岔曲线半径　radius of turnout
道岔上各段梁的中心线组成的折线的外接圆半径。

5.2.27 道岔转辙距离　switch distance of turnout
道岔转换后,活动端侧向位线路中心线终点与道岔基线的垂直距离。

5.2.28 道岔转辙时间　switch time of turnout
从道岔控制系统接到转换指令开始到道岔完成转换并发出位置表示信号为止所需的时间。

5.2.29 道岔直向允许通过速度　allowable velocity at straight line location of turnout
道岔轨道结构处于直向线位时,允许列车所能通过的最大速度。

5.2.30 道岔侧向允许通过速度　allowable velocity at branch line location of turnout
道岔轨道结构处于侧向线位时,允许列车所能通过的最大速度。

5.2.31 道岔平台　support platform for turnout
承载道岔整体结构的稳定基础,是道岔安装、检测、维修作业的重要结构。

5.2.32 道岔轨道结构　track structure of turnout
基础结构以上承载列车荷载的道岔钢结构部分,由感应板、导轨连接装置和可转动钢梁组成。

5.2.33 道岔固定端　fixed end of turnout
道岔转动过程中固定的一端。

5.2.34 道岔活动端　active end of turnout
道岔转动过程中运动的一端。

5.2.35 道岔梁 turnout beam

道岔上用于固定导轨和接触轨的可转动轨道钢结构梁。

5.2.36 道岔台车 walking mechanism of turnout

道岔上用于支撑道岔梁,并能承载道岔梁横向移动的走行结构件。

5.2.37 垛梁 buttress girder

在混凝土梁和道岔梁之间起过渡连接作用的固定钢梁。

5.2.38 中心旋转轨道 rotatable track structure

在交叉渡线道岔中心起衔接两个渡线方向的可旋转轨道装置。

6 建筑与结构

6.1 桥涵结构

6.1.1 桥梁 bridge
跨越天然障碍物或人工设施的架空建筑物。

6.1.2 涵洞 culvert
横穿路基，用以排洪、灌溉或作为通道的建筑物。

6.1.3 混凝土结构 concrete structure
以混凝土作为主要建筑材料制成的结构，包括素混凝土、钢筋混凝土和预应力混凝土结构。

6.1.4 钢结构 steel structure
以钢材作为主要建筑材料制成的结构。

6.1.5 钢-混凝土组合结构 steel-concrete composite structure
由混凝土桥面板与钢梁通过抗剪连接件组合而成，能整体受力的结构。

6.1.6 简支梁 simply supported beam
一端为纵向活动支座，一端为纵向固定支座的两端支承的梁。

6.1.7 连续梁 continuous beam
两跨或两跨以上梁部连续、由支座支承的梁。

6.1.8 连续刚构桥 continuous rigid frame bridge
桥跨结构与桥墩或桥台刚性连接的桥。

6.1.9 拱桥 arch bridge
以拱圈或拱肋作为桥跨结构的桥。

6.1.10 斜拉桥　cable-stayed bridge

以斜拉（斜张）索连接索塔和主梁作为桥跨结构的桥。

6.1.11 道岔桥　bridge for turnout

用于支承道岔的桥梁结构。

6.1.12 支座　bearing

支承桥跨结构，并将其荷载传给墩（台）的构件。

6.1.13 强度　strength

材料或构件受力时抵抗破坏的能力。其值为在一定受力状态下，材料所能承受的最大应力或构件所能承受的最大内力。

6.1.14 刚度　stiffness

结构或构件抵抗变形的能力。

6.1.15 稳定性　stability

结构在荷载作用下维持其原有平衡状态的能力。

6.1.16 变形　deformation

作用引起的结构或构件中各点间的相对位移。

6.1.17 挠度　deflection

在弯矩作用平面内，结构构件轴线或中面上某点由挠曲引起垂直于轴线或中面方向的线位移。

6.1.18 预拱度　camber

为抵消桥跨结构在荷载作用下产生的挠度，在制作时所预留的与挠度方向相反的校正量。

6.1.19 结构耐久性　durability of structure

在预定的作用和预期的使用与维护条件下，结构及构件在设计使用年限内保持其适用性和安全性的能力。

6.1.20 桥墩　pier

支承桥跨结构，并将其荷载传递给基础的建筑物。

6.1.21 桥台 abutment

连接桥跨结构和路基的支挡建筑物。

6.1.22 自振频率 self-vibration frequency

由桥梁结构本身的质量、刚度和阻尼以及边界条件所确定的频率。

6.1.23 动力系数 dynamic factor

列车运行对结构产生的动态响应（动态挠度或应力）对静态响应（静态挠度或应力）之比。

6.2 低置结构

6.2.1 路基 subgrade

经开挖或填筑而形成的，用于支撑承轨梁及轨道结构的土工结构物。

6.2.2 路堑 cutting

自地面向下开挖的路基。

6.2.3 路堤 embankment

在地面上用土、石填筑的路基。

6.2.4 路基面 formation surface

低置结构回填层的表面。

6.2.5 路肩 subgrade shoulder

位于路基面两侧及承轨梁下部梁外侧的部分。

6.2.6 路肩高程 elevation of subgrade shoulder

路肩外缘的高程。

条文说明

中低速磁浮低置结构路基与传统的铁路路基有如下区别：传统的铁路路基的路基面为基床表层顶面，路肩为路基面两侧无道床覆盖的部分；中低速磁浮低置结构路基的路基面为回填层顶面，路肩为路基两侧承轨梁下部梁体外侧的部分。具体如图6-1所示。

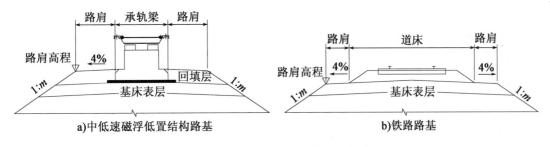

图 6-1 路肩位置及路肩高程示意图

6.2.7 基床 subgrade bed

位于承轨梁基底以下，受列车动荷载作用影响显著的路基上部结构，由基床表层和基床底层组成。

6.2.8 低置结构 at-ground structure

路基与设置在路基之上的承轨梁组成的结构物。

6.2.9 防错台板 prevent stagger plate

设置在承轨梁节间伸缩缝的底部，用于限制承轨梁发生错台变形的一种板形结构。

6.2.10 回填层 backfill layer

设置在承轨梁的两侧，将承轨梁下部梁体埋置在路基基床之上的填土层。

6.2.11 过渡段 transition section

路堤与桥台、横向结构物、隧道之间，不同地基加固措施之间及路堤与路堑等存在刚度突变的连接处，需做刚度渐变过渡处理的地段。

6.2.12 刚性路基 rigid subgrade

采用混凝土填筑或非埋式桩板、桩筏结构等刚性桩基加固处理的路基。

6.2.13 地基处理 ground treatment

提高地基承载力、改善其变形性能或渗透性能而采取的技术措施。

6.2.14 路基工后沉降 post-construction settlement of subgrade

轨排工程铺设完成后路基的沉降量。

6.2.15 边坡防护 side slope protection

在稳定边坡上，为防止坡面风化、剥落、溜塌、冲刷而设置的防护工程。

6.2.16 支挡结构　retaining structure
支撑侧向土压力或抵挡土体滑动的结构物。

6.3 地下结构

6.3.1 地下车站结构　underground structure of station
由地下车站的梁、柱、墙、板、拱、地下连续墙等主要承重构件组成的结构物。

6.3.2 区间隧道　interval tunnel
地下车站之间形成行车所需空间的地下构筑物。

6.3.3 支护结构　supporting structure/retaining structure
基坑工程中的围护墙、支撑（或土层锚杆）、围檩、防渗帷幕等结构体系的总称。根据使用环境不同，也称围护结构。

6.3.4 明挖法　cut and cover method
由地面挖开的基坑中修筑地下结构的方法，包括明挖、盖挖顺作和盖挖逆作等工法。

6.3.5 矿山法　mining method
修筑隧道的暗挖施工方法。传统矿山法指用钻眼爆破的施工方法，又称钻爆法；现代矿山法包括软土地层浅埋暗挖法及由其衍生的其他暗挖方法。

6.3.6 盾构法　shield method
用盾构机修筑隧道的暗挖施工方法，是在盾构钢壳体的保护下进行开挖、推进、衬砌和注浆等作业的方法。

6.4 车站建筑及结构

6.4.1 车站　station
供列车停靠，乘客购票、候车和乘降，并设有相应服务设施的场所。

6.4.2 地面车站　ground station
轨道设在地面上的车站。

6.4.3 高架车站　elevated station
轨道设在高架结构上的车站。

6.4.4 地下车站 underground station
轨道设在地面下的车站。

6.4.5 车站出入口 station entrance-exit
供乘客进出车站的通道。

6.4.6 站厅 station concourse mezzanine
在车站出入口和站台之间，供乘客购票、安检、检票或换乘的场所。

6.4.7 站台 platform
车站内轨行区旁供乘客候车、进出列车和乘降的场所。

6.4.8 岛式站台 island platform
设置在上下行线路之间，可在其两侧停靠列车的站台。

6.4.9 侧式站台 side platform
设置在上下行线路两侧，只能在其一侧停靠列车的站台。

6.4.10 站台高度 platform height
站台面与轨道顶面的高差。

6.4.11 站台计算长度 calculated length of platform
供乘客上、下列车的乘降平台的使用长度。无站台门的车站站台计算长度为首末两节车辆司机室门外侧之间的长度加停车误差；有站台门的车站站台计算长度为站台门的长度。

6.4.12 侧站台宽度 width of side platform
侧式站台车站的站台和乘降区的最小宽度。

6.4.13 车站公共区 public zone of station
车站内允许乘客进出的区域，包括付费区和非付费区。

6.4.14 付费区 paid area
经验票后乘客方能进入的车站公共区域。

6.4.15 非付费区 non-paid area
不需要检票，乘客可以进出的车站公共区域。

6.4.16 付费区换乘 transfer within paid area

两条及以上轨道交通线路之间在车站付费区内进行的换乘。

6.4.17 节点换乘 transfer at crossing

两条及以上轨道交通线路立体交叉，在其站台的水平投影重叠部分直接以楼（扶）梯相连的换乘。

6.4.18 通道换乘 transfer through corridor

两条及以上轨道交通线路立体交叉，在其站厅付费区、站台、出入口间以通道相连的换乘。

6.4.19 平行换乘 parallel transfer

站台相互平行的不同线路，通过同一站台或楼（扶）梯和公共站厅完成的换乘，包括相互平行的不同线路同层设置或上下层设置两种类型。

6.4.20 同站台换乘 one platform transfer

通过同一站台完成的换乘，分为同向换乘和不同向换乘两种方式。

6.5 施工监测

6.5.1 监测 monitoring measurement

采用仪器量测、现场巡查或远程视频监控等手段和方法，长期、连续地采集和收集反映工程施工、运营线路结构以及周边环境对象的安全状态、变化特征及其发展趋势的信息，并进行分析、反馈的活动。

6.5.2 周围岩土体 surrounding rock and soil

基坑、隧道工程施工影响范围内的岩体、土体、地下水等工程地质和水文地质条件的统称。

6.5.3 力学监测 mechanical monitoring

对周边环境、支护结构和周围岩土体等监测对象所承受的拉力、压力及变化等所进行的量测工作。

6.5.4 监测点 monitoring point

直接或间接设置在监测对象上，并能反映监测对象力学或变形特征的观测点。

6.5.5 监测项目控制值 controlled value for monitoring

为满足工程支护结构安全及环境保护要求，控制监测对象的状态变化，针对各监测项目的监测数据变化量所设定的受力或变形的设计允许值的限值。

6.5.6　悬臂浇筑法　cast-in-place cantilever method

在桥墩两侧设置工作平台，平衡地逐段向跨中悬臂浇筑混凝土梁体，并逐段施加预应力的施工方法。

6.5.7　悬臂拼装法　cantilever erection method

在桥墩两侧设置吊架，平衡地逐段向跨中悬臂拼装桥梁节段的施工方法。

6.5.8　顶推法　incremental launching method

在桥头逐段浇筑或拼装梁体，在梁前安装导梁，用千斤顶纵向顶推，使梁体通过各墩顶的临时滑动支座而就位的施工方法。

6.5.9　转体法　erection by swing method

在同桥轴线夹某一角度（水平角或竖直角）的位置预先拼装或浇筑全部或部分桥体，形成临时稳定结构后借助转动装置（平面或竖向）转体就位的一种施工方法。

6.5.10　纵向拖拉法　erection by longitudinal pulling method

用拖拉设备将预制的单根梁或预拼的整孔梁从桥头纵向拖到墩台上的施工方法。

6.5.11　缆索吊装法　erection with cableway method

利用支承在索塔上的缆索运输和安装桥梁构件的施工方法。

6.5.12　路基沉降观测　subgrade settlement observation

在路基施工过程中及施工完毕后一定的时间内，对路基的垂直位移、水平位移以一定的观测频次进行监测。观测数据的分析成果可指导控制施工速率，评估工后沉降是否满足要求。

7 机电设备

7.1 供电

7.1.1 主变电所　high voltage substation
由城市电网引入高压电源，将其转换为中低速磁浮交通用中压电源的专用高压变电所。

7.1.2 开闭所　switch station
由城市电网引入中压电源，为中低速磁浮交通分配电力的供配电设施。

7.1.3 牵引变电所　traction substation
将中压交流电降压并整流为牵引用直流电的变电所。

7.1.4 降压变电所　distribution substation
将中压交流电降压为动力及照明用低压交流电的变电所。

7.1.5 牵引降压混合变电所　combined substation
既提供牵引电源又提供动力照明交流低压电源的变电所。

7.1.6 牵引供电系统　traction power supply system
给车辆提供电能的全部电力装置的总称。

7.1.7 供电制式　power supply mode
牵引供电系统中采用的电流制式、电压等级等供电方式。

7.1.8 集中供电　centralized power supply mode
由专门设置的主变电所集中为各牵引变电所及降压变电所等供电的供电方式。

7.1.9 分散供电　distributed power supply mode
由沿线分散引入的城市中压电源分别为各类变电所供电的供电方式。

7.1.10　混合式供电　combined power supply mode

同一条线路供电系统中部分采用集中式供电、部分采用分散式供电的供电方式。

7.1.11　中压供电网络　medium voltage power supply network

把中压电能配送到各牵引变电所、降压变电所的供电网络。

7.1.12　外部电源　external power supply

为中低速磁浮交通提供电能的城市电网电源。

7.1.13　馈电线　feeder cable

接触轨与牵引变电所之间的电连接线。

7.1.14　供电分区　power supply section

在接触轨上电气相互断开的供电区段，分为纵向供电分区和横向供电分区。

7.1.15　牵引整流机组　traction rectifier unit

由牵引变压器和整流机组组成的电流变换设备组。

7.1.16　整流机组负荷等级　rectifier unit load grade

根据负荷特性划分的牵引整流机组过载能力等级。

7.1.17　末端电压　terminal voltage

在磁浮供电系统中，距离馈入点最远端的电压。

7.1.18　双边供电　two-way feeding

一个供电分区由相邻两座牵引变电所共同供电的供电方式。

7.1.19　单边供电　one-way feeding

一个供电分区只由一座牵引变电所供电的供电方式。

7.1.20　大双边供电　over bilateral power supply

当某一中间牵引变电所退出运行，由两侧相邻牵引变电所对接触轨构成双边供电的方式。

7.1.21　动力照明系统　power lighting system

为动力及照明设备提供低压电源的供电系统。

7.1.22 车站照明系统 station lighting system
为车站提供照明的电气系统。

7.1.23 应急照明 emergency lighting
因正常照明的电源失效而启用的照明,包括疏散照明、安全照明、备用照明。

7.1.24 疏散照明 escape lighting
作为应急照明的一部分,用于确保疏散通道被有效辨认和使用的照明。

7.1.25 线路用电负荷 line power load
一条线路的车辆及动力照明设备的总用电需求。

7.1.26 线路年耗电量 electricity consumption of line per year
一条线路的车辆及动力照明设备的一年总耗电量。

7.1.27 框架泄漏保护 framework leakage protection
在直流变电所中,直流开关柜或整流器柜发生对地绝缘故障时,通过由框架故障电流检测装置或高阻抗电压检测装置检测的故障电流或电压而实现故障切除或告警的保护。

7.1.28 双边联跳保护 bilateral jump protection
在磁浮系统双边供电方式下,其中一座牵引变电所检测到故障并跳闸时,同时联动受影响的相邻牵引变电所跳闸的一种保护方式。

7.1.29 备用电源 standby power supply
当正常电源断电时,由于非安全原因用来维持电气装置或其某些部分所需的电源。

7.1.30 电力监控系统 power supervisory control and data acquisition system (SCADA)
电力数据采集与监视控制系统,包括遥控、遥测、遥信和遥调功能;由主站、各变电所子站和信息通道组成。

7.1.31 负荷中心 center of loads
相互靠近的若干电力负荷点的中心区域。

7.1.32 牵引网 traction electric network
直接向中低速磁浮列车提供牵引直流电源和进行回流的导电轨构成的供电网络。

7.1.33 变电所综合自动化系统 integrated substation automation system

对变电所设备集中进行控制、保护、测量、计量的自动化系统。

7.1.34 侧部受流接触轨系统 side contact rail system

通过受电靴向磁浮列车提供牵引直流电源和进行回流的导电轨和供电连接，一般安装在承轨梁侧面，简称接触轨系统。

7.1.35 接触轨 contact rail

敷设在承轨梁两侧，通过受电靴向中低速磁浮列车供给电能的导电轨。

7.1.36 钢铝复合导电轨 steel-aluminum composite conductor rail

钢材和铝材通过某种机械或物理方式结合而成的接触轨。

7.1.37 绝缘支承 insulated support bracket

将接触轨固定于承轨梁一侧的特定位置，对接触轨进行支承、定位和绝缘，能够承载系统中所有可能出现的静载和动载的装置。

7.1.38 中间接头 bolted joint

用于接触轨的轨与轨之间连接并传导电能的部件。

7.1.39 膨胀接头 expansion joint

设置于两组中心锚结之间，用于补偿接触轨因自身温度变化而引起伸缩的装置。

7.1.40 端部弯头 ramp

为保证电气列车的受电靴平滑搭接或离开接触轨，在接触轨的端部设置具有适量纵向坡度的接触轨。

7.1.41 中心锚结 mid-point anchor

一般设在接触轨锚段中部，防止两端膨胀接头向一侧滑动和缩小事故范围的装置。

7.1.42 分段绝缘器 section insulator

用于接触轨机械上联通、电气上分段并将整个供电系统分成多个供电分区的装置。

7.1.43 电缆连接板 cable terminals board

用于将电缆和接触轨进行连接的导电装置。

7.1.44 跨距 span length

接触轨相邻两个绝缘支撑的间距。

7.1.45 锚段 tensioning section

接触轨机械上独立的线段。

7.1.46 锚段长度 tensioning section length

连续敷设的接触轨相邻两个中心锚结之间的距离。

7.1.47 动态接触力 dynamic contact force

受电靴在运动中对接触轨产生的压力。

7.1.48 静态接触力 static contact force

受电靴在静止时对接触轨产生的压力。

7.1.49 冷滑试验 cold slide test

在接触轨无电条件下机械牵引或使用限界车测试。

7.1.50 热滑试验 hot stide test

在接触轨带电条件下列车进行带电运行试验。

7.2 通信

7.2.1 传输系统 transmission system

为各专用通信子系统和其他专业系统提供语音、数据、图像信息传输通道的系统设备。

7.2.2 无线通信系统 radio communication system

为运营及管理部门的移动人员或设备之间、移动人员与固定地点人员之间、移动设备与固定地点设备之间提供无线通信手段的系统设备。

7.2.3 电话交换系统 telephone switching system

为企业内部用户之间、内部用户与企业外部用户的日常工作提供电话联络的系统设备。

7.2.4 视频监视系统 video monitoring system

为控制中心调度员、车站值班员、列车驾驶员等提供有关列车运行、变电所设备、防灾、救灾及客流状态等视频信息的系统设备。

7.2.5 广播系统 public address system

供控制中心调度员和车站等值班员向乘客通告列车运行以及安全、向导、防灾等服务信息，向工作人员发布作业命令和通知的系统设备。

7.2.6 时钟系统 clock system

为运营线路的各系统及相关工作人员、乘客提供统一标准时间的系统设备。

7.2.7 乘客信息系统 passenger information system

为乘客在车站、列车等提供列车运行到发信息等可视化图像服务的系统设备。

7.2.8 办公自动化系统 office automation system

为运营及管理部门的人员提供电子办公、信息发布、日常运作管理等功能的信息平台。

7.2.9 电源及接地系统 power supply and grounding system

为通信系统内部各子系统提供电力供应及可靠接地的系统设备。

7.2.10 公安通信系统 public security communication system

为公安安全提供保障的信息化设施、设备的总称，主要包括视频监视系统、无线通信引入系统、数据网络、电源系统等子系统。

7.2.11 民用通信引入系统 civil mobile communication drawing-in system

为乘客提供公共通信网络的信息化设施、设备的总称，主要包括传输系统、移动通信引入系统、集中监测告警系统、通信电源系统等子系统。

7.3 信号

7.3.1 闭塞 block

用信号或凭证保证运行列车之间保持安全追踪间隔的技术方法。

7.3.2 保护区段 overlap section

为实现超速防护，保证安全停车而在进路外延伸的轨道区段。

7.3.3 安全防护距离 safety protection distance

列车超速防护实施安全停车控制时，为防止停车位置偏差可能造成的危险而设置的自预定停车位置至限制点之间的距离。

7.3.4 固定闭塞 fixed block

预先设定固定的物理闭塞分区，列车之间按闭塞分区间隔运行的闭塞方式。

7.3.5 准移动闭塞 quasi-moving block

预先设定固定的物理闭塞分区，列车根据前方闭塞分区的状态设置列车的目标距离和速度的闭塞方式。

7.3.6 移动闭塞 moving block

不预先设定固定的物理闭塞分区，列车根据前方列车的状态设置列车的目标距离和速度的闭塞方式。

7.3.7 基于通信的列车控制 communication based train control（CBTC）

采用不依赖轨旁列车占用检测设备的列车主动定位技术和连续车-地双向数据通信技术，通过能够执行安全功能的车载和地面处理器而构建的连续式列车自动控制系统。

7.3.8 列车自动控制 automatic train control（ATC）

城市轨道交通信号系统实现列车自动监控、自动防护、列车自动运行及计算机联锁技术的总称。

7.3.9 列车自动监控 automatic train supervision（ATS）

自动实现行车指挥控制、列车运行监视和管理技术的总称。

7.3.10 列车自动防护 automatic train protection（ATP）

自动实现列车运行间隔、超速防护、进路安全和车门等监控技术的总称。

7.3.11 列车自动运行 automatic train operation（ATO）

自动实现列车运行速度、停车和车门等监控技术的总称。

7.3.12 计算机联锁 computer interlocking（CI）

以计算机技术为核心，实现道岔、区段、信号机按一定的规则和条件建立的相互关联、制约的安全防护技术的总称。

7.3.13 超速防护 over speed protection

ATP车载设备为保证列车在安全限速范围内运行而在列车超出允许速度后采取的制动行为。

7.3.14 移动授权 movement authority

ATP 系统准许列车在指定方向的线路上走行的距离。

7.3.15　列车识别号　train identity

通过列车编号、目的地和长度等信息来识别列车的方法，可以自动实现进路设置或调度等功能。

7.3.16　点式通信　intermittent communication

采用应答器的车地通信方式。

7.3.17　连续式通信　continuous communication

全线范围或局部区域采用无线或者感应环线，可连续进行通信的车地通信方式。

7.3.18　点-连式 ATP 系统　intermittent and continuous communication ATP system

以应答器作为主要车-地列控信息通信方式，在站台区、道岔区、驾驶模式转换等区域局部辅助连续式车-地通信方式的 ATP 系统。

7.3.19　自动化车辆段/停车场　automatic depot/yard

纳入 ATC 系统监控范围的车辆段/停车场，车辆段/停车场内自动化区域具有 ATC 系统相关功能。

7.3.20　装备列车　equipped train

装备车载信号设备，且车载 ATP 功能正常、可与轨旁信号系统通信的列车。

7.3.21　非通信列车　none communicating train

车地通信故障或没有装备信号车载设备的列车。

7.3.22　安全制动距离　safety braking distance

保证列车从制动开始到停止的最小距离。

7.3.23　常用制动　service braking

列车采用电制动优先，电制动力不足时由机械制动补足的混合制动方式。

7.3.24　紧急制动　emergency braking

列车全部使用机械制动，制动过程中不可缓解，具有故障导向安全、开环特性。

7.3.25　惰行　coasting drifting

列车在不施加牵引/制动情况下的运行状态。

7.3.26 列车安全制动模型 safe train braking model
根据列车安全间隔，依据列车特性、线路参数及运营条件生成的列车制动曲线。

7.3.27 追踪间隔时间 headway
在同一线路、同向运行的两列追踪运行列车的前端经过线路同一地点的间隔时间。

7.3.28 ATP 顶棚速度 ATP ceiling speed
ATP 系统保证在最不利条件下不得超过的列车运行速度。

7.3.29 ATP 紧急制动触发速度 ATP emergency braking trigger speed
按系统算法计算 ATP 顶棚速度下触发紧急制动的临界速度，当 ATP 系统检测到列车速度超过该速度值时，ATP 系统输出紧急制动命令。

7.3.30 ATO 目标速度 ATO target speed
ATO 模式下，列车持续运行的速度和期望值，ATO 系统控制列车的运行速度在目标速度上下小幅波动。

7.3.31 区域控制器 zone controller
实现地面区域控制范围内列车安全防护功能的 ATP 安全计算机设备。

7.3.32 故障导向安全 fail-safe
故障发生后将使信号系统自动转为具有限制条件的安全状态。

8 施工质量验收

8.0.1 工程施工质量　constructional quality of engineering

反映工程施工过程或实体满足相关标准规定或合同约定的要求，包括其在安全、使用功能及耐久性能、环境保护等方面所有明显和隐含能力的特性总和。

8.0.2 验收　acceptance

在施工单位自行检查评定的基础上，参与建设活动的有关单位共同对分项、分部、单位工程的质量按有关规定进行检验，根据相关标准以书面形式对工程质量达到合格与否做出确认。

8.0.3 进场验收　site acceptance

对进入施工现场的材料、构配件、设备等按相关标准规定要求进行检验，对其达到合格与否做出确认。

8.0.4 检验　inspection

对检验项目中的性能进行量测、检查、试验等，并将结果与标准规定要求进行比较，以确定每项性能是否合格所进行的活动。

8.0.5 见证检验　evidential testing

监理单位对施工单位材料取样、送样、检验或某项检测、试验过程进行的监督活动。

8.0.6 平行检验　parallel acceptance testing

监理单位利用一定的检查或检测手段，在施工单位自检的基础上，按照一定的比例独立进行检查或检测的活动。

8.0.7 抽样检验　sampling inspection

按照规定的抽样方案，随机地从进场的材料、构配件、设备或工程检验项目中，按检验批抽取一定数量的样本所进行的检验。

8.0.8 交接检验　handing over inspection

由施工的承接方与完成方共同检查并对可否继续施工做出确认的活动。

8.0.9 工序　constructional procedure

施工过程中具有相对独立特点的作业活动，或由必要的技术间歇及停顿分割的作业活动，是组成施工过程的基本单元。

8.0.10 主控项目　dominant item

对质量、安全、卫生、环境保护和公众利益起决定性作用的检验项目。

8.0.11 一般项目　general item

除主控项目以外的检验项目。

8.0.12 观感质量　quality of appearance

通过观察和必要的量测所反映的工程外在的质量。

8.0.13 检验批　inspection lot

按相同的生产条件或按规定的方式汇总起来供抽样检验用的，由一定数量样本组成的检验体。

9 运营

9.1 客流

9.1.1 出行 trip
从出发地到目的地的交通行为。

9.1.2 出行量 trip volume
单位时间内,居民出行的总人次数。

9.1.3 出行分担率 mode share rate
某种交通方式的出行量与出行总量之比,通常用百分比表示。

9.1.4 乘降 getting on/off
乘客上车和下车行为的统称。

9.1.5 乘降量 capacity volume of getting on/off passengers
单位时间内上下车人次数之和。

9.1.6 出行距离 trip distance
在一次出行中,乘客从出发地到目的地的行程。

9.1.7 乘距 riding distance
在一次出行中,乘客从上车站到下车站的里程。

9.1.8 平均乘距 average riding distance
在统计期内所有乘客出行距离的平均值。

9.1.9 出行时耗 traveling time/travel time/trip time
在一次出行中,乘客从出发地到目的地所花费的时间。

9.1.10 候乘时间 waiting time/wait time

乘客在车站等候乘车的时间。

9.1.11 乘行时间　riding time/ride time
在一次乘行中，乘客从上车到下车所花费的时间。

9.1.12 换乘　transfer
乘客在出行过程中转换车次、线路、交通方式的行为。

9.1.13 换乘距离　transfer distance
乘客在一次换乘中的步行距离。

9.1.14 换乘时间　transfer time
乘客在换乘过程中所用的时间。

9.1.15 停车换乘　park-and-ride
在出行途中将自用车辆存放后改乘公共交通工具的行为。

9.1.16 客流　passenger flow
在一定时间内乘客的流量、流向和旅行距离信息的总称，包含时间、地点、方向和流量四个要素。

9.1.17 断面客流量　ridership volume
在一定时间内沿某方向通过某线路断面的乘客数量。

9.1.18 高峰时间　peak time
一天中客流量最大的时段。

9.1.19 高峰小时　peak hour
一天中客流量最大的一小时。

9.1.20 线路高峰小时系数　peak hour flow rate/peak hour factor
在一条线路上高峰小时客流量与全日客流量之比。

9.1.21 客流断面　cross-section flow/traffic section/passenger flow section
为预测或调查统计客流量而选取的同一线路上某相邻两站间路段的断面。

9.1.22 客流图　passenger flow diagram

描述客流量、流向随时间变化的图表。

9.1.23　客流方向不均衡系数　directional disequilibrium factor for passenger flow
在一条线路上高峰小时时段内，客流量较大方向的最大客流断面客流量与较小方向的最大客流断面客流量之比。

9.1.24　客流断面不均衡系数　sectional disecluilibrium factor for passenger flow
在一条线路的同一方向最大客流断面的客流量与所有断面客流量的平均值之比。

9.1.25　站间断面客流　passenger volume between stations
在单位时间内，线路上某相邻两站之间单程或往返的乘客数量。

9.1.26　突发客流　outburst passenger flow
在特殊情况下或某一时段内发生的超常规的客流。

9.1.27　客流调查　ridership survey
为掌握客流规律所进行的调查。

9.1.28　客流预测　ridership prediction
根据客流调查数据对未来客流的变化趋势做出科学估计与测算。

9.1.29　线路客流量　line ridership
线路在单位时间内单程或往返的乘客数量。

9.1.30　换乘客流量　transfer passenger volume
在单位时间内各线路之间的换乘乘客数量之和。

9.1.31　客运量　passenger volume
在统计期内中低速磁浮交通系统运送的乘客数量。

9.1.32　客运周转量　passenger person-kilometres
在统计期内，中低速磁浮交通系统运送的乘客所乘坐里程的综合。

9.1.33　平均运距　average distance carried
中低速磁浮交通系统运送乘客的平均距离，即客运周转量与客运量之比。

9.1.34　负荷强度　load intensity

线路日客运量与线路长度之比，即单位线路长度所承担的日客运量。

9.1.35 客流密度 passenger flow density

线路日客运周转量与线路长度之比，即单位线路长度所承担的日客运周转量。

9.1.36 高峰小时单向最大断面客流 unidirectional peak hour maximum passenger volume

高峰小时时段线路某一个方向客流最大区间对应的断面客流量。

9.1.37 通勤客流 commuter passenger flow

在一定时间内以上下班为目的的乘客流量、流向和旅行距离信息的总称。

9.1.38 旅游客流 tourist flow

在一定时间内以旅游为目的的乘客流量、流向和旅行距离信息的总称。

9.2 行车组织

9.2.1 行车组织 train operation

利用中低速磁浮交通设施设备，根据列车运行图组织列车运行的活动。

9.2.2 运营调度中心 operation control center（OCC）

对全线列车运行、电力供应、车站设备运行、防灾报警、环境监控、票务管理及乘客服务等地铁运营全程进行调度、指挥和监控的中枢场所，又称控制中心。

9.2.3 应急指挥中心 emergency command center

具有通信、指挥等功能，负责指挥中低速磁浮交通运营突发事件处置的应急救援场所。

9.2.4 首班列车 first train

每天开始运营的第一班载客列车。

9.2.5 末班列车 last train

每天结束运营的最后一班载客列车。

9.2.6 起点站 origin station

列车按调度指令开始单程载客运行的车站，也称始发站。

9.2.7 终点站 terminal station
列车按调度指令结束单程载客运行的车站。

9.2.8 中间站 intermediate station
起点站和终点站之间的车站。

9.2.9 折返站 turn-back station
按列车交路进行列车折返作业的车站。

9.2.10 换乘站 transfer station
设在两条（及以上）线路交汇处，可供乘客换乘的车站。

9.2.11 行车间距 headway distance
先行列车与跟踪列车车头前端之间的距离。

9.2.12 安全行车间距 safe headway
为避免前行列车与后续列车首尾相撞而应保持的最小行车间距。

9.2.13 行车调度 train dispatching
行车调度员监控和指挥列车运行的作业。

9.2.14 列车运行图 train operation plan/train diagram
列车运行的时间和空间关系的图解，表示列车在各区间运行及在各车站停车或通过状态的二维线条图。

9.2.15 列车发出时刻 departure time of train
列车从车站或车辆基地按规定发车位置启动的时刻。

9.2.16 列车到达时刻 arriving time of train
列车到车站或停车场规定停车位置停稳的时刻。

9.2.17 列车通过时刻 passing time of train
列车前端通过规定位置的时刻。

9.2.18 折返 turn-back
列车改变行驶线路和行驶方向的返回运行作业。

9.2.19 站前折返 turn-back ahead of station
列车在运行区间内的折返作业。

9.2.20 站后折返 turn-back behind of station
列车在运行区间外的折返作业。

9.2.21 列车交路 train routing
根据运营组织和运营条件的变化，调度指挥列车按规定区间运行、折返的运管模式。

9.2.22 运营时间 service period
为乘客提供中低速磁浮交通运营服务的时间，即线路单一运行方向的始发站从首班车发车到末班车发车之间的时间。

9.2.23 单程 single travel/single trip
列车沿线路的一个方向，从运营起点至终点的行程。

9.2.24 站停时间 dwell time
列车到站开门至关门离站的时间。

9.2.25 首末站停车时间 dwell time at terminal station
运营列车在相邻两个单程运行之间，在首末站停留的时段。

9.2.26 运行周期 round trip time/operation cycle time
列车沿运营线路往返循环运行一次的时间。

9.2.27 首班列车时间 departure time of first train
首班列车驶离某车站的时刻。

9.2.28 末班列车时间 departure time of last train
末班列车驶离某车站的时刻。

9.2.29 收车时间 time of last train arriving terminal station/end operation time
末班列车到达运营终点，结束运营的时刻。

9.2.30 发车间隔 departing time interval
同一线路的相邻两列同向列车驶离起点站的时间间隔。

9.2.31 行车密度　operation frequency/train frequency
同一线路在单位时间（小时）内，驶离某车站的车次数。

9.2.32 最高运行速度　maximum operating speed
车辆所允许的能够实际载客安全运行的最高速度。

9.2.33 非正常情况　degraded condition
因列车晚点、区间短时间阻塞、大客流以及设备故障等原因，造成列车不能按列车运行图正常运营，但又不危及乘客生命安全和严重损坏车辆等设备，整个系统能够维持降低标准运行的状态。

9.2.34 应急情况　emergency condition
因发生自然灾害以及公共卫生、社会安全、运营突发事件等，已经导致或可能导致事故发生或设施设备严重损坏，不能维持中低速磁浮交通系统全部或局部运行的状态。

9.3 客运服务

9.3.1 客运服务　passenger transportation service
为使用中低速磁浮交通出行的乘客提供的服务。

9.3.2 服务组织　service organization
提供客运服务的组织。

9.3.3 车站客运服务人员　passenger service person
在车站内负责服务安全巡视、秩序维护和乘客疏导等工作的人员。

9.3.4 列车驾驶员　train driver
具备中低速磁浮交通车辆驾驶作业资格，从事列车驾驶岗位工作的人员。

9.3.5 调度员　traffic controller
具备中低速磁浮交通调度作业资格，从事调度岗位工作的人员，主要包括行车调度员、电力调度员（或系统调度员）、环控调度员、维修调度员、客运调度员（或信息调度员）等。

9.3.6 行车值班员　station administrator
具备中低速磁浮交通车站作业资格，从事车站设备控制、列车运行监视等工作的人员。

9.3.7 其他人员　other personnel

主要包括工程车驾驶员、特种设备作业人员、信号楼值班员、从事设备维修及操作维护人员等。

9.3.8 服务设施　service facilities

在中低速磁浮交通系统内设置的为乘客提供票务，或直接为乘客提供服务的设施。

9.3.9 乘客服务中心　customer service center

在中低速磁浮交通系统内设置的为乘客提供票务、咨询等客运服务或延伸服务的场所。

9.3.10 服务标志　service sign

通过颜色、图形或文字的组合，表达客运服务信息的设施。

9.3.11 安全标志　safety sign

通过颜色与几何形状的组合表达通用的安全信息，并且通过附加图形符号表达特定安全信息的标志。

9.3.12 导向标志　direction sign

由图形标志和（或）文字标志与箭头符号组合形成，用于指示通往预期目的地路线的公共信息标志。

9.3.13 位置标志　location sign

由图形标志和（或）文字标志形成，用于标明服务设施或服务功能所在位置的公共信息标志。

9.3.14 综合信息标志　information sign

由图、表、文字所构成的标志，用于表达与服务有关的公共信息。

9.3.15 无障碍标志　accessibility sign

由专为轮椅利用者（老年人、肢体残疾人、伤病人等）、视觉障碍者使用的图形符号、文字（包括盲文）和有关设备设施等构成，用于提供导向、位置、综合信息服务的标志。

9.3.16 票制　ticket system

中低速磁浮交通乘车收费制度，即车票分类、制作、发售、使用规则及计费方法、票价率等规定的总称。

运营

9.3.17 单一票制 flat fare system

在一次乘行中，无论乘行距离长短，客票价格相同的计价方式。

9.3.18 计程票制 metered fare system/grade fare system

按一定里程或站数将乘行距离划分为段数来确定客票价格的计价方式，也称分段票制。

9.3.19 起始票价 basic fare

在计程票制中，按里程或站数划分的第一段乘距以内的票价。

9.3.20 单程票 single journey ticket

仅在一次进出站的乘行中有效的车票。

9.3.21 定期票 periodical ticket

在一定时期内乘车有效的日票、周票等车票。

9.4 运营安全

9.4.1 试运营基本条件 basic conditions of trial operation

试运营应满足的建设方面（土建系统、机电设备、车辆、环境保护等）和运营方面（机构组织、行车组织、客运组织、作业规章及管理等）的要求。

9.4.2 运营单位 operation company

经营中低速磁浮交通运营业务的企业。

9.4.3 运营管理 operation management

运营单位实施的行车组织、客运组织与服务、设施设备运行与维护、车站与车辆基地管理、土建设施运行与维护、安全管理等工作。

9.4.4 运营组织 operation organization

运营单位对列车运行、车站行车和客运、列车调度、机电设备系统运行实施的有序管理。

9.4.5 运营事故 operation accident

由于运营组织的管理和处置不当，造成乘客伤亡、车辆和设备损坏、行车中断及其他危及运营安全的情况。

9.4.6 运营安全 operation safety
运营中能够使危险、故障等发生的概率小到可以忽略的程度，以及它们所造成的对人与物的损失能够控制在可接受水平的状态。

9.4.7 运营指标 operation index
反映运营工作在一定时间和条件下的规模、程度、比例、结构等的概念和数值。

9.4.8 运营安全指标 operation safety index
反映运营安全方面的规模、程度、比例、结构等的概念和数值。

9.4.9 调度指挥 dispatch and command
组织和指导企业运营管理生产过程的核心工作，主要包括行车计划编制、现场调度指挥等。

9.4.10 满载率 load factor
运量与运能之比。

9.4.11 事故率 accident rate
发生事故的行车次数与总行车次数之比。

9.4.12 准点率 punctuality
准点列车次数与全部开行列车次数之比，用以表示运营列车按规定时间准点运行的程度。

9.4.13 运行图兑现率 fulfillment rate of operation graph
实际开行列车数与运行图定开行列车之比。实际开行的列车中不包括临时加开的列车数。

9.4.14 应急预案 contingency plan
为保证紧急情况下运营安全、乘客的生命财产安全，运营单位预先制定的运输组织、调度、疏散、救援、保障等相关方案。

10 技术经济指标

10.0.1 运营车数　operating vehicles
用于运营业务的全部车辆数。

10.0.2 运营车日数　operating vehicle-days
在统计期内,运营企业每一天拥有的运营车数之和。

10.0.3 完好车日数　well-conditioned vehicle-days
在统计期内,运营企业每一天拥有的技术状况完好的运营车数之和。

10.0.4 完好车率　well-conditioned vehicle rate
完好车日数与运营车日数之比。

10.0.5 工作车日数　working vehicle-days
在统计期内,运营企业每一天投入运行的运营车数之和。

10.0.6 工作车率　working vehicle rate
工作车日数与运营车日数之比。

10.0.7 完好车利用率　well-conditioned vehicle utilization rate
工作车日数与完好车日数之比。

10.0.8 总行驶里程　total running mileage
运营车所行驶的全部里程,包括运营里程和非运营里程。

10.0.9 运营里程　operating mileage
运营车在运营中运行的全部里程,包括载客里程和调度空驶里程。

10.0.10 载客里程　carrying mileage
运营车辆按规定可载客的运行里程。

10.0.11　调度空驶里程　deadhead scheduling mileage
运营车辆按规定不载客的运行里程。

10.0.12　里程利用率　mileage utilization rate
运营里程与总行驶里程之比。

10.0.13　车日行程　daily vehicle-kilometers
运营车辆每个工作日平均运行的里程。

10.0.14　运力利用率　utilization rate of transportation capacity
客运周转量与客位里程之比。

10.0.15　运营总收入　total income of operation
与运营直接有关的经济收入之和，不含补贴、赞助和广告等收入。

10.0.16　运营总成本　total cost of operation
为完成运营服务所发生的按国家规定应列入成本开支范围的总费用。

10.0.17　单位运营里程成本　unit mileage cost of operation
运营总成本与总运营里程之比。

10.0.18　单位客运周转量成本　unit turnover cost of passenger transport
运营总成本与总客运周转量之比。

10.0.19　单位客运里程成本　unit mileage cost of passenger transport
运营总成本与总客运里程之比。

10.0.20　行车责任事故次数　times of traffic accidents
在统计期内，运营方应负全部或部分责任的行车事故次数。

10.0.21　行车责任事故次率　rate of traffic accidents
在统计期内，平均每百万运营里程发生的行车责任事故次数。

10.0.22　单位能耗　unit power consumption
在统计期内，完成单位车公里所消耗的电量。

10.0.23　人均能耗　per capita power consumption

在统计期内，完成单位客运周转量所消耗的电量。

10.0.24 单位牵引能耗 unit power consumption in traction

在统计期内，完成单位车公里所消耗的牵引电量。

10.0.25 人均牵引能耗 per capita traction power consumption

在统计期内，完成单位客运周转量所消耗的牵引电量。

10.0.26 总概算 total estimate

反映整个建设项目的投资规模和投资构成的文件。

10.0.27 工程费用 engineering cost

建筑安装工程费与设备购置费之和。

10.0.28 工程建设其他费 other cost for engineering construction

从工程筹建起到工程竣工验收交付使用止的整个建设期间，除建筑安装工程费、设备购置费、预备费和专项费用以外，为保证工程建设顺利完成和交付使用后，能够正常发挥效用而发生的各项费用。

10.0.29 预备费 reserve cost

基本预备费与价差预备费之和。

10.0.30 基本预备费 basic reserve cost

项目实施过程中可能发生难以预料的支出而事先预留的费用。

10.0.31 专项费用 special cost

车辆购置费、建设期贷款利息与铺底流动资金之和。

10.0.32 铺底流动资金 initial working capital

保证新建工程项目投产初期正常运营所需要的费用，主要用于购买原材料、燃料、动力，支付职工工资和其他有关费用。

10.0.33 综合联调及试运行费 combined commissioning and trial operation cost

新建工程项目在交付运营前，按照批准的设计文件所规定的工程质量标准和技术要求，在综合联调及试运行期间对整个系统进行综合联调及试运行所发生的费用。

10.0.34 生产准备及开办费 production preparation and start-up cost

建设期内建设单位为保证正常运营而发生的人员培训、提前进厂以及投产使用必备的生产办公、生活家具用具及工器具等的购置费用。

10.0.35 安全生产保障费　production safety security cost guarantee

为保障工程项目施工安全而发生的费用，包括第三方监测费、第三方检测及评估费等费用。

本标准用词说明

1 为便于在执行本标准条文时区别对待,对于要求严格程度不同的用词说明如下:
1)表示很严格,非这样做不可的:
正面词采用"必须";反面词采用"严禁"。
2)表示严格,在正常情况下均应这样做的:
正面词采用"应";反面词采用"不应"或"不得"。
3)表示允许稍有选择,在条件许可时首先应这样做的:
正面词采用"宜";反面词采用"不宜"。
4)表示有选择,在一定条件下可以这样做的,采用"可"。
2 条文中指明应按其他有关标准、规范执行的写法为:"应符合……的规定"或"应按……执行"。

引用标准名录

1 《地铁设计规范》（GB 50157）
2 《城市轨道交通运营管理规范》（GB/T 30012）
3 《城市轨道交通试运营基本条件》（GB/T 30013）
4 《铁路工程基本术语标准》（GB/T 50262）
5 《城市轨道交通工程基本术语标准》（GB/T 50833）
6 《地铁限界标准》（CJJ/T 96）
7 《中低速磁浮交通运行控制技术规范》（CJJ/T 255）
8 《中低速磁浮交通供电技术规范》（CJJ/T 256）
9 《中低速磁浮交通设计规范》（CJJ/T 262）
10 《中低速磁浮交通车辆通用技术条件》（CJ/T 375）
11 《中低速磁浮交通车辆电气系统技术条件》（CJ/T 411）
12 《中低速磁浮交通道岔系统设备技术条件》（CJ/T 412）
13 《中低速磁浮交通轨排通用技术条件》（CJ/T 413）
14 《中低速磁浮交通车辆悬浮控制系统技术条件》（CJ/T 458）